Inhaltsverzeichnis

Vorbemerkungen

Liebe Kolleg*Innen,

aufgrund der besonderen Schlüsselfunktion des Lesens als Voraussetzung für weiteres, erfolgreiches Lernen gehört es zu den zentralen Aufgaben des Deutschunterrichts, eine überdauernde Lesemotivation bei Kindern aufzubauen.
Durch die Kombination von Text und Bild fühlen sich Kinder besonders von Bilderbüchern angesprochen. Vorgelesen oder selbst gelesen stellen sie gerade für Leseanfänger eine Alternative zu den meist umfangreicheren Ganzschriften dar. Gespräche, Rollenspiele sowie handlungs- und produktorientierte Lernangebote ermöglichen eine vielschichtige und fächerübergreifende Auseinandersetzung mit dem Buchinhalt.

Die Autoren Kathryn Cave und Chris Riddell schaffen in ihrem einfühlsamen Bilderbuch eine kindgemäße Erschließung der Thematik „Anderssein und Ausgrenzung".
Inhalt: Das kleine blaue Wesen *Irgendwie Anders* hat keine Freunde und lebt ganz allein. Er bemüht sich sehr, den anderen Tieren zu gefallen und so zu sein wie sie. Diese wollen jedoch nichts mit ihm zu tun haben und schicken ihn weg. Traurig, einsam und verlassen trifft er auf das freundliche aber seltsame *Etwas.* Ohne es zuerst zu bemerken, verhält sich *Irgendwie Anders* plötzlich wie die anderen Tiere und schickt *Etwas* fort. Dann bemerkt er, dass sich *Etwas* und er in der gleichen Situation befinden und bereut sein Verhalten. Die beiden werden dicke Freunde.

Die Lernangebote des Literaturprojektes lassen sich sowohl lesebegleitend als auch in Werkstattform einsetzen. Neben Arbeitsangeboten zu den Themenbereichen „Gefühle", „Freundschaft" und „Anderssein" bieten Gestaltungs- und Bewegungsangebote eine fächerübergreifende und ansprechende Umsetzung des Bilderbuches.

Tipps zu den Angeboten:

- Nach Bedarf können Spiele und Lesematerialien hochkopiert werden (z. B. Malen zum Text, Spielplan, Geschichtenbuch, Masken, Stabpuppen ...).
- Für eine längere Haltbarkeit sollten einige Spiele und Leseangebote auf festes Papier kopiert und eventuell laminiert werden (z. B. Spielkarten, Gefühlsuhr, Mimikwürfel ...).
- Malen zum Text (S. 7 – 9): Sie können die einzelnen Buchseiten nach Bedarf hochkopieren und ggf. bereits fertig ausgeschnitten bereitstellen. Die bearbeiteten Seiten der Kinder können anschließend zu einem Klassenleporello oder einem Buch zusammengestellt werden.
- Das Abschreibediktat (S. 21) können Sie auch als Schleichdiktat nutzen.
- Um mit den Kindern lesebegleitend Szenen aus dem Buch nachspielen zu können, empfiehlt es sich, die Stabpuppen (S. 32/33) vorzubereiten. Für das Arbeitsblatt Seite 23 werden die Stabpuppen benötigt.

Einige Teile/Szenen des Buches eignen sich besonders für **Rollenspiele.** Die Kinder können hier ihre Alltagserfahrungen einbringen, indem sie eigene bzw. ähnliche Erlebnisse von Ausgrenzung und Anderssein schildern und in der Gruppe nachspielen. Verschiedene Lösungsmöglichkeiten solcher Konfliktsituationen können im Anschluss daran gemeinsam entwickelt und vorgestellt werden. Geeignete Textstellen sind:

- Irgendwie Anders wird von den Tieren weggeschickt
- Irgendwie Anders bemüht sich, sich anzupassen und wird erneut weggeschickt
- Irgendwie Anders schickt das Etwas fort
- Irgendwie Anders holt das Etwas zurück

Ferner bietet das Bilderbuch die Möglichkeit, das Anderssein und die Unterschiedlichkeit von Menschen im Sinne von Besonderheit und Einzigartigkeit aufzuarbeiten.
In gemeinsamen Gesprächen über einzelne Lernangebote, Gemeinschaftsbilder und Gruppenarbeiten sowie durch Spiele nehmen sich die Kinder in ihrer Unterschiedlichkeit wahr und können erfahren, dass jeder Mensch anders und dadurch etwas Besonderes und Wertvolles ist.

Ich wünsche Ihnen viel Spaß und Erfolg mit dem Literaturprojekt!

Birgit Giesen

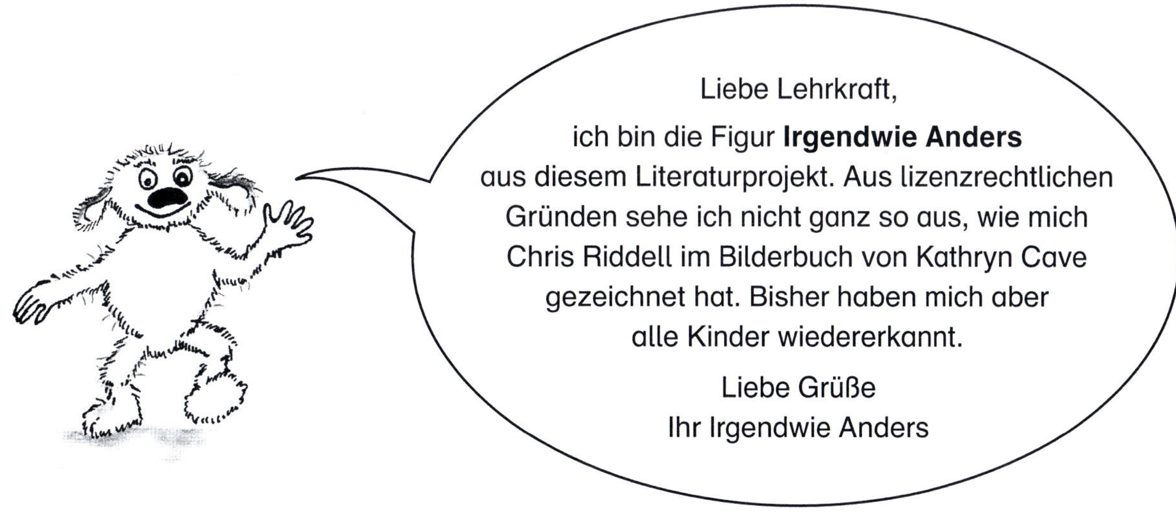

Anmerkung: Liebe Lehrkraft, wir möchten in unseren Materialien niemanden benachteiligen oder diskriminieren. Daher nutzen wir unter anderem das Gendersternchen, um alle Geschlechter anzusprechen. In Texten für Schüler*innen verzichten wir jedoch aus Gründen der besseren Lesbarkeit darauf und nutzen weiterhin entweder die „neutrale“ Form oder Doppelformen. Selbstverständlich sind stets alle Geschlechter gemeint.

Minibuch (1)

Du brauchst:
- Schere
- Hefter

1. ✂ Schneide die einzelnen Buchseiten auseinander.
2. 👓 Lies die Texte genau und bringe die Seiten in die richtige Reihenfolge.
3. Kontrolliere die Reihenfolge sorgfältig.
4. Mit einem Hefter kannst du dein Buch zusammenheften.

Irgendwie Anders

von Kathryn Cave / Chris Riddell

Irgendwie Anders versuchte so zu sein, wie die anderen Tiere. Er malte Bilder, spielte ihre Spiele und brachte sein Essen in einer Papiertüte mit.

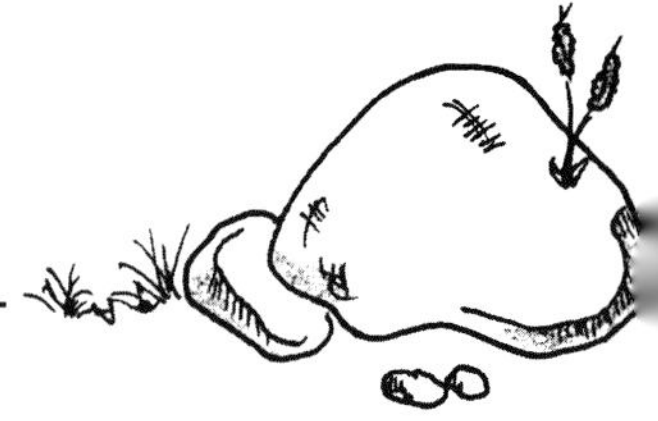

Minibuch (2)

Als Irgendwie Anders dem Etwas sagte: „Du bist nicht wie ich!“, ging es traurig weg. Plötzlich rannte Irgendwie Anders ihm hinterher. Er hielt es fest und sagte: „Bleib bei mir!“

Irgendwie Anders lebte auf einem hohen Berg. Er hatte keinen einzigen Freund. Die anderen Tiere wollten nicht mit ihm spielen.

Die anderen Tiere sagten:
„Du gehörst nicht hierher!
Du bist nicht wie wir.
Du bist irgendwie anders!“

Traurig ging Irgendwie Anders nach Hause.

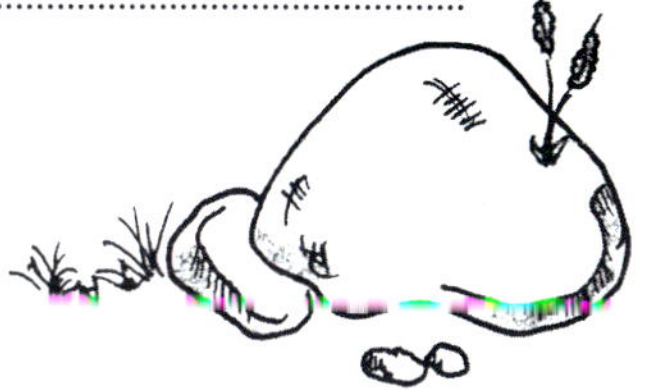

Minibuch (3)

Wenn jemand an die Tür klopfte, der sehr merkwürdig aussah, schickten sie ihn nicht fort. Sie rückten einfach ein bisschen zusammen.

Das Etwas klopfte bei Irgendwie Anders an die Tür und sagte: „Guten Tag! Ich bin genauso wie du! Du bist irgendwie anders und ich auch!“

Irgendwie Anders und das Etwas wurden Freunde.
Sie malten zusammen, spielten zusammen und aßen zusammen.
Sie waren verschieden, aber sie vertrugen sich.

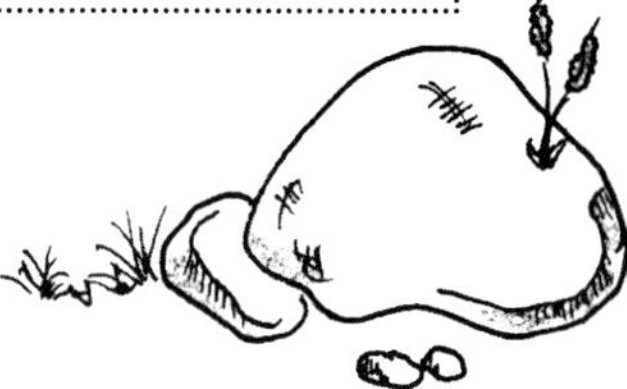

Malen zum Text (1)

Du brauchst: Bunt- oder Filzstifte

1. Wähle ein Textblatt aus.
2. Lies den Text.
3. Male ein passendes Bild dazu.

Irgendwo auf einem hohen Berg, wo der Wind blies, stand ein kleines Haus.
Hier lebte Irgendwie Anders – ohne einen einzigen Freund.

Irgendwie Anders wusste, dass er anders war. Das fanden alle Tiere. Wenn er mit ihnen spielen wollte, sagten sie zu ihm: „Geh weg! Du bist irgendwie anders und gehörst nicht zu uns!“

Irgendwie Anders versuchte alles, um genau so wie die anderen Tiere zu sein. Er lächelte, malte Bilder und spielte so wie sie. Auch er brachte jetzt sein Mittagessen in einer Papiertüte mit.

Aber vergebens. Er war einfach nicht so wie die anderen Tiere. Die sagten: „Du gehörst nicht zu uns! Denn du bist irgendwie anders!“ Traurig ging Irgendwie Anders nach Hause.

Malen zum Text (2)

Irgendwie Anders wollte gerade schlafen gehen, als es an der Tür klopfte.
Mit einer Kerze in der Hand schaute er nach.

Vor seiner Tür stand jemand oder besser etwas. Das Etwas sagte: „Guten Tag“, und streckte Irgendwie Anders die Pfote entgegen.

Irgendwie Anders konnte nicht einmal bis drei zählen, da war das Etwas schon in seinem Zimmer. Es setzte sich auf seinen großen Lehnstuhl … und mitten auf die Papiertüte mit dem Mittagessen.

Verwirrt lief Irgendwie Anders um das Etwas herum und betrachtete es von allen Seiten.
Das Etwas sagte: „Schaue mich an. Ich bin wie du. Wir sind beide irgendwie anders.“

Malen zum Text (3)

Irgendwie Anders sagte zum Etwas: „Nein, du bist überhaupt nicht wie ich!“
Er öffnete dem Etwas die Tür und sagte: „Gute Nacht!“ Traurig ließ Etwas die Pfoten sinken und ging.

Plötzlich fiel Irgendwie Anders etwas ein. Er rannte hinter Etwas her und hielt es fest. Er sagte: „Bleib doch bei mir, wenn du Lust hast!“

Seitdem waren Irgendwie Anders und Etwas Freunde. Sie malten zusammen, spielten und aßen zusammen.
Und obwohl die Freunde verschieden waren, vertrugen sie sich.

Wenn jemand die beiden besuchte, der anders aussah, schickten sie ihn nicht weg. Sie setzten sich einfach noch ein bisschen enger zusammen.

Irgendwie-Anders-Quiz

1. 👓 Lies die Sätze genau.
2. Was ist richtig? ✏ ☒ Kreuze an.

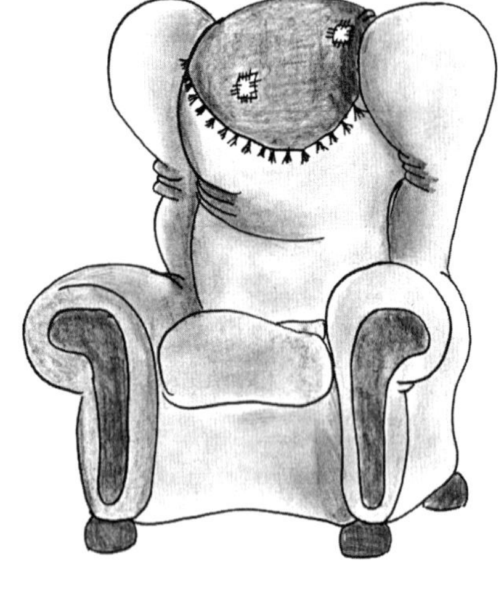

Irgendwie Anders lebte ....

- ☐ ... allein auf einem hohen Berg.
- ☐ ... bei den Tieren im Wald.
- ☐ ... in deiner Nachbarschaft.

Irgendwie Anders tat alles, ...

- ☐ ... um die anderen Tiere zu ärgern.
- ☐ ... um wie die anderen Tiere zu sein.
- ☐ ... um alleine zu sein.

Alle sagten zu ihm: ...

- ☐ ... „Du bist sehr nett. Lass uns Freunde werden!"
- ☐ ... „Du kannst nicht malen. Lass uns in Ruhe!"
- ☐ ... „Du gehörst nicht hierher. Du bist irgendwie anders!"

Als Irgendwie Anders schlafen gehen wollte, ...

- ☐ ... suchte er sein Kuscheltier.
- ☐ ... klopfte es an der Tür.
- ☐ ... fand er seine Pantoffeln wieder.

Das Etwas hielt ihm die Pfote hin und sagte: ...

- ☐ ... „Ich bin dein neuer Nachbar!"
- ☐ ... „Auf Wiedersehen!"
- ☐ ... „Guten Tag!"

Das Etwas und Irgendwie Anders ...

- ☐ ... gingen zu den anderen Tieren.
- ☐ ... stritten sich.
- ☐ ... wurden dicke Freunde.

Irgendwie Anders und die anderen (1)

Du brauchst:
- Kleber
- Schere

1. Schneide die Texte auseinander.
2. Lies die Texte genau.
3. Ordne sie dem passenden Bild zu.
    Klebe sie auf.

Irgendwie Anders versuchte alles, um wie die anderen Tiere zu sein.

Er lächelte und sagte „Hallo!“	**Er spielte alles, was die anderen spielten, wenn er durfte.**
Er malte auch Bilder.	**Auch er brachte sein Mittagessen in einer Papiertüte mit.**
Aber es half nichts. Er sah einfach nicht so aus wie die anderen Tiere und sprach anders.	**Er spielte auch nicht so wie sie.**

Irgendwie Anders und die anderen (2)

BVK • Birgit Giesen: Literaturprojekt zu „Irgendwie Anders“

Du gehörst nicht dazu

Irgendwie Anders möchte den anderen Tieren gefallen.
Doch sie schicken ihn weg.

1. Wie fühlt sich Irgendwie Anders?

Male die passenden Wörter rot an.

fröhlich	einsam	allein	glücklich
traurig	verlassen	müde	hilflos
großartig	elend	wundervoll	mutig
unglücklich	wütend	verliebt	beleidigt
verzweifelt	aufgeregt	stolz	stark

2. Wann ist es dir auch schon einmal so ergangen?

Schreibe und male.

____

____

____

____

____

3. Warum verhalten sich die anderen Tiere so?

Schreibe deine Vermutung auf.

____

____

____

____

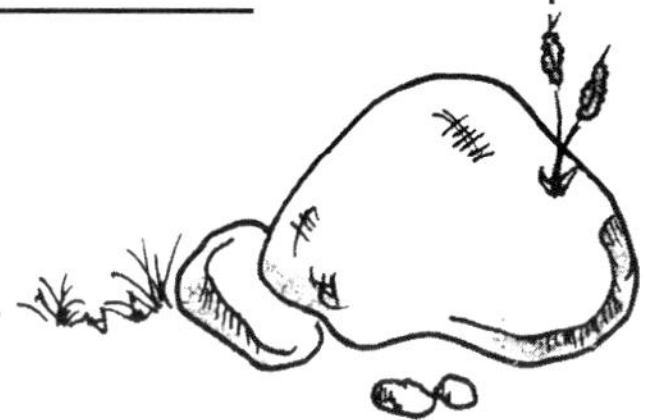

Weiterschreibgeschichte

Irgendwie Anders und Etwas werden Freunde.

1. Wie könnte die Geschichte weitergehen?
   Überlege, was die beiden noch gemeinsam erleben.
   Gewinnen sie neue Freunde?

2. ✏ Schreibe deine Geschichte auf.
   Benutze das Schmuckblatt.

Brief an die Tiere

Irgendwie Anders schreibt den anderen Tieren einen Brief.

1. Überlege, was er in den Brief schreiben könnte.
   - Sagt er den anderen Tieren die Meinung?
   - Erzählt er von seinen Gefühlen?
   - Berichtet er von seinem neuen Freund?
   - Lädt er die anderen Tiere ein?

2. ✏ Schreibe den Brief an die Tiere.
   Benutze hierfür das Schmuckblatt.

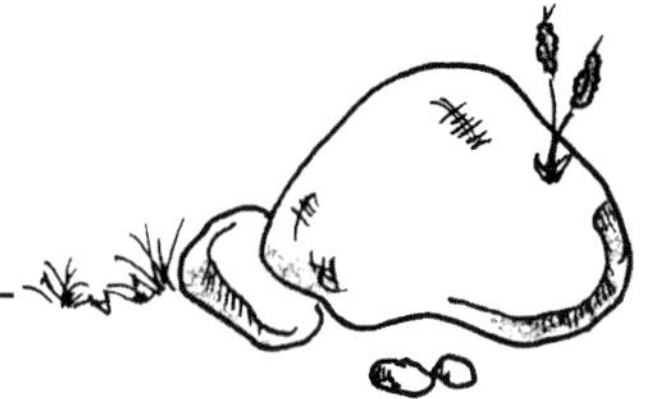

BVK • Birgit Giesen: Literaturprojekt zu „Irgendwie Anders“

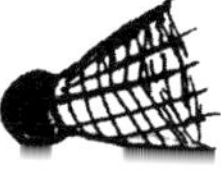

Steckbrief

Schaue dir das Bilderbuch noch einmal an.

1. Schreibe einen Steckbrief von Irgendwie Anders oder dem Etwas.
2. Male ein passendes Bild dazu in das Kästchen.

Steckbrief

Name: ____________________

Haarfarbe: ____________________

Augenfarbe: ____________________

Aussehen: ____________________

Freunde: ____________________

Besonderheiten: ____________________

Es klopft an der Tür

Du brauchst:
- Kleber
- Schere

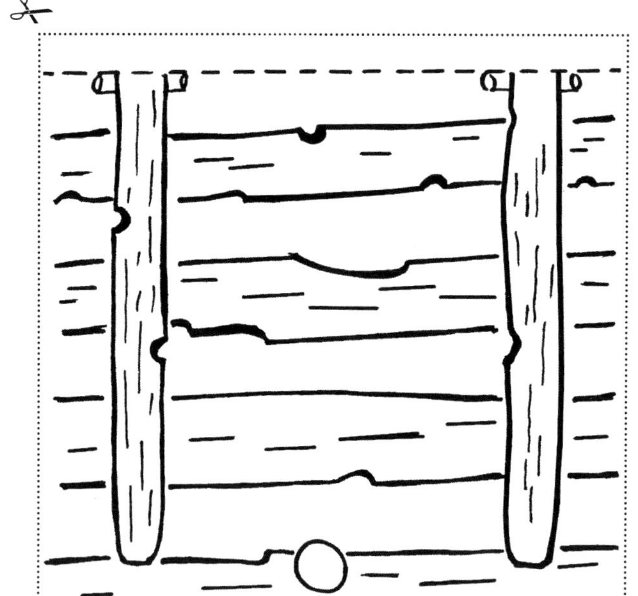

1. Überlege, wer noch bei Irgendwie Anders an die Tür klopft, und schreibe es auf die Linien.
2. Male sie / ihn in das Kästchen.
3. Schneide die Tür und das Blatt aus. Knicke die Tür entlang der gestrichelten Linie. Klebe sie auf dein Blatt.

Klebelinie

Geschichtenbuch (1)

Du brauchst:
- Schere
- Kleber
- Hefter

1. Schneide die Seiten des Buches auf Arbeitsblatt (2) aus.
2. Lege sie hintereinander und hefte sie zusammen.
3. Wähle nun einige Bilder aus und schneide sie aus.
4. Klebe immer ein Bild auf eine Seite des Buches.
5. Überlege dir eine passende Geschichte und schreibe sie auf.
6. Finde eine passende Überschrift.

Geschichtenbuch (2)

Geschichtenbuch von

1

2

3

4

Faltdiktat – Partnerdiktat

1. Knicke das Blatt bis zur ersten Linie.
2. Lies ein Wort, klappe es um und schreibe es auswendig auf.
3. Kontrolliere anschließend Wort für Wort.
4. Lasse dir die Wörter von einem Partner diktieren.

Lernwörter	Klappdiktat	Partnerdiktat
1. der Freund	1.	1.
2. der Berg	2.	2.
3. die Tiere	3.	3.
4. spielen	4.	4.
5. lächeln	5.	5.
6. komisch	6.	6.
7. irgendwie	7.	7.
8. die Papiertüte	8.	8.
9. das Bild	9.	9.
10. die Pfote	10.	10.
11. klopfen	11.	11.
12. gucken	12.	12.
13. der Spiegel	13.	13.
14. ein bisschen	14.	14.
15. die Tür	15.	15.
16. traurig	16.	16.
17. anders	17.	17.

BVK • Birgit Giesen: Literaturprojekt zu „Irgendwie Anders“

Abschreibdiktat

So machst du ein Abschreibdiktat:

1. Lies den Text und unterstreiche schwierige Stellen.
2. Lege den Text zwischen die letzten Heftseiten.
3. Schreibe nun das Abschreibdiktat:
   Lies genau, präge dir ein, blättere um, schreibe auf!

Irgendwie Anders
Irgendwie Anders hat keinen Freund.
Die anderen Tiere mögen ihn nicht.
Er macht so komische Sachen.
Zu Hause klopft jemand an seine Tür.
Das Etwas streckt die Pfote aus und lächelt.
Irgendwie Anders schickt es weg.
Das Etwas ist sehr traurig.
Dann werden beide dicke Freunde.
Sie sind verschieden, aber sie vertragen sich.

Geheimschrift

Setze die passenden Wörter aus dem Kasten ein.

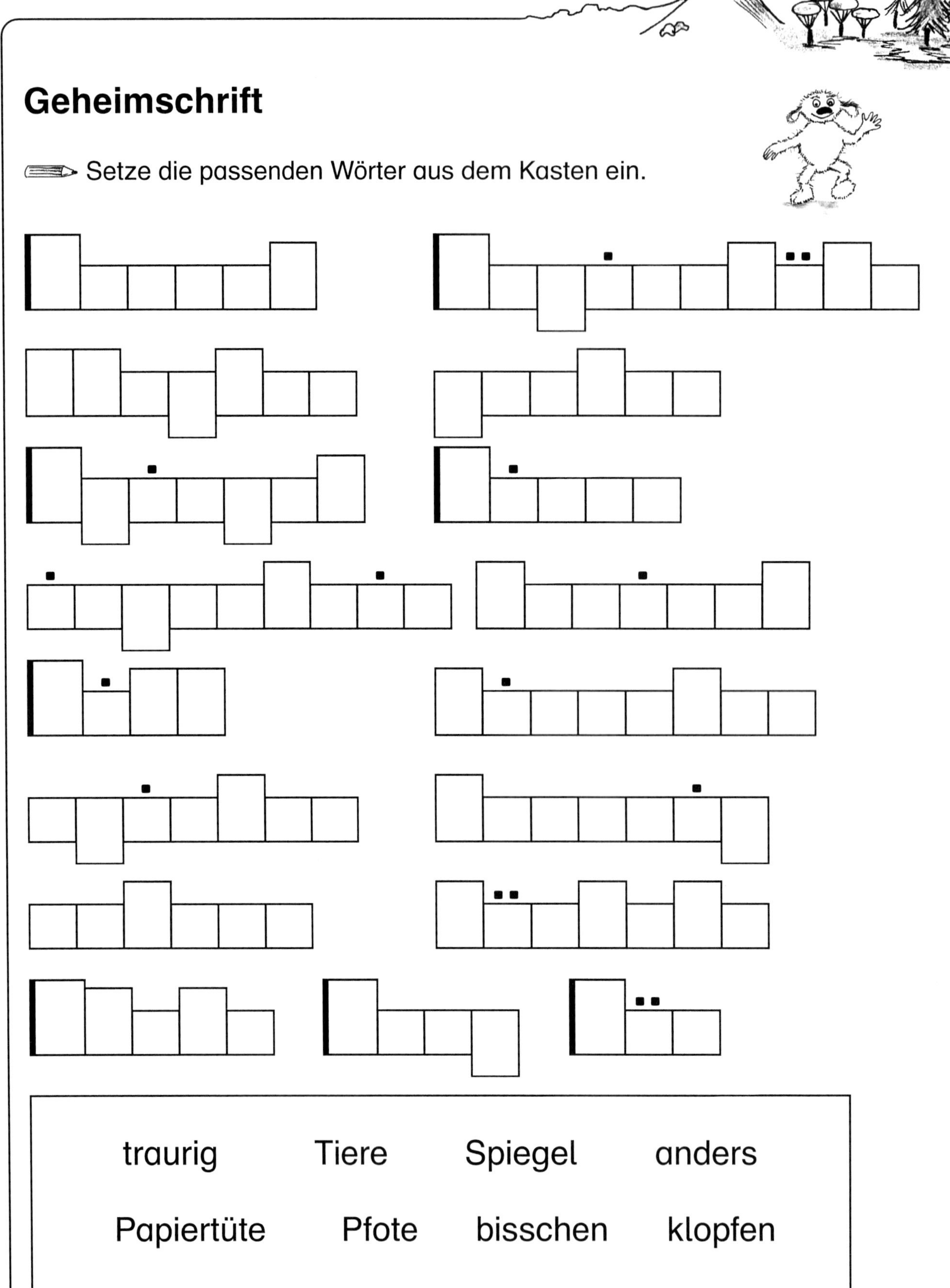

traurig	Tiere	Spiegel	anders
Papiertüte	Pfote	bisschen	klopfen
irgendwie	Bild	gucken	Berg	Freund
spielen	Tür	lächeln	komisch

BVK • Birgit Giesen: Literaturprojekt zu „Irgendwie Anders“

Stabpuppenspiel

Du brauchst: Stabpuppen

Bei Irgendwie Anders klopft Etwas an die Tür.
Das Etwas sagt: „Ich bin genauso wie du. Ich bin auch irgendwie anders!“
Irgendwie Anders jedoch schickt das Etwas fort.

1. Wie schafft es Irgendwie Anders, das Etwas zurückzuholen? Überlege dir eine Möglichkeit und spiele sie.
2. Es wäre schön, wenn du der Klasse deine Idee vorspielen könntest.

Tipp: Du kannst auch eine andere Stelle aus dem Bilderbuch nachspielen!

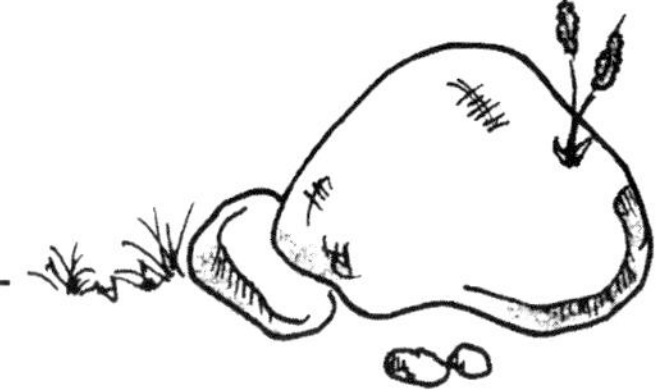

Irgendwie-Anders-Spiel

Ihr braucht:
- Spielplan und Spielkarten
- 1 Würfel, pro Spieler eine Spielfigur

Spielregeln
1. Legt die Spielkarten verdeckt auf das Spielfeld.
2. Würfelt abwechselnd und rückt um die gewürfelte Augenzahl vor.
3. Wer auf einem Feld mit einem  oder  landet, zieht eine Spielkarte. Er liest die Karte laut vor und macht, was dort steht.

Wer zuerst im Ziel ist, hat gewonnen.

Spielkarten (1)

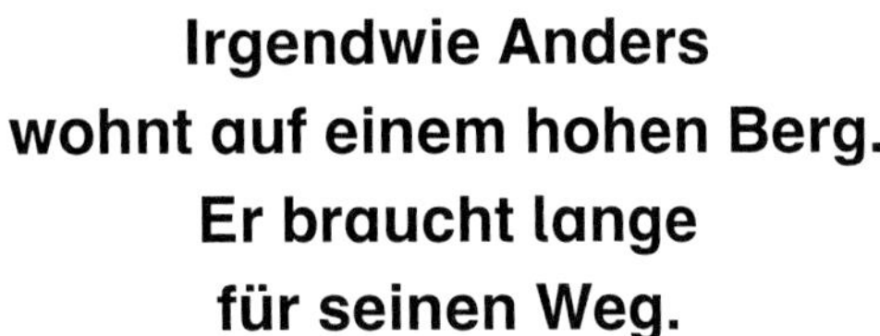

Irgendwie Anders wohnt auf einem hohen Berg. Er braucht lange für seinen Weg. Setze einmal aus.	**Irgendwie Anders malt komische Bilder.** Male etwas an die Tafel.
Die anderen Tiere schicken Irgendwie Anders fort. Gehe zwei Felder zurück.	**Irgendwie Anders ist nett zu den anderen Tieren.** Würfle noch einmal.
Irgendwie Anders geht schlafen. Lege dich unter den Tisch.	**Es klopft bei Irgendwie Anders an der Tür.** Klopfe an die Klassentür.

Spielkarten (2)

Irgendwie Anders freut sich über seinen neuen Freund. Gehe zwei Felder vor.	**Irgendwie Anders schickt das Etwas fort. Es ist ganz traurig.** Setze einmal aus.
Überlege, was Irgendwie Anders und Etwas zusammen spielen könnten. Spiele es den anderen vor.	**Irgendwie Anders betrachtet das Etwas von allen Seiten.** Beschreibe einen Mitspieler aus eurer Runde.
Irgendwie Anders will so sein, wie die anderen Tiere. Er schafft es nicht. Gehe ein Feld zurück.	**Kannst du etwas besonders gut?** Mache es den anderen Kindern vor.
Irgendwie Anders isst so komische Sachen. Nenne dein Lieblingsgericht.	**Irgendwie Anders ist ganz allein und traurig.** Würfle noch einmal.
Irgendwie Anders ist nicht wie die anderen. Mache ein komisches Geräusch.	**Irgendwie Anders geht traurig nach Hause.** Spiele dies den anderen vor.

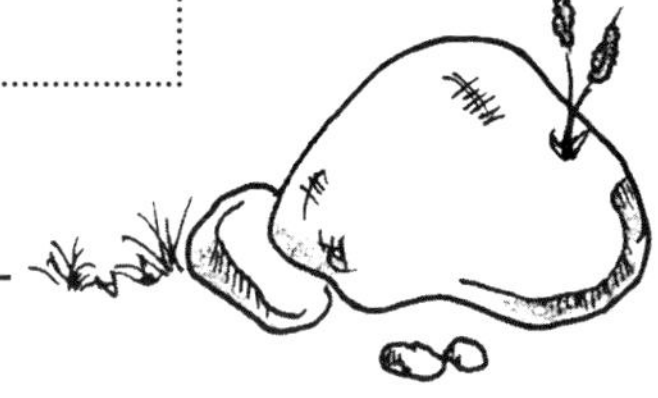

Spielkarten (3)

Das Etwas sieht komisch aus. Schneide eine komische Grimasse.	**Das Etwas setzt sich auf die Papiertüte mit Essen.** Setze dich auf den Boden.
Irgendwie Anders holt das Etwas zurück nach Hause. Gehe zwei Felder vor.	**Wenn jemand an der Tür klingelt, rücken alle ein wenig zusammen.** Suche dir zwei Kinder. Setzt euch alle auf **einen** Stuhl.
Irgendwie Anders macht so komische Sachen. Bewege dich besonders komisch durch die Klasse.	**Das Etwas sieht in den Spiegel.** Setze dich einem Mitspieler gegenüber. Mache genau das Gleiche wie er.
Das Etwas sagt freundlich: „Guten Tag!“ Gehe zwei Felder vor.	**Irgendwie Anders und Etwas spielen ihr Lieblingsspiel.** Welches Spiel ist es? Mache es vor.
Gehe durch die Klasse und sage jemandem freundlich: „Guten Tag!“	**Bewege dich besonders lustig auf allen Vieren durch die Klasse.**

BVK • Birgit Giesen: Literaturprojekt zu „Irgendwie Anders“

Spielplan

Start

Ziel

Irgendwie Anders, Etwas und ich …

Wenn einmal jemand an die Tür klopft, rücken Irgendwie Anders und Etwas einfach ein bisschen zusammen.

1. Male Irgendwie Anders, Etwas und dich selbst in das Bild.
   Male das Bild bunt an.
2. Überlege, was du gemeinsam mit Irgendwie Anders und dem Etwas erlebst.
3. Stelle dein Bild im Erzählkreis vor und erzähle dazu deine Geschichte.

Wie soll dein Freund sein? (Adjektive)

Irgendwie Anders und das Etwas werden dicke Freunde.

1. Wie sollte dein Freund / deine Freundin sein?
2. Male die Wörter, die dir wichtig sind, rot an.

frech	nett	schüchtern	gemütlich
hilfsbereit	gemein	sportlich	angeberisch
freundlich	ängstlich	klug	stark
schwach	lieb	ungeduldig	gutmütig
geduldig	lustig	fröhlich	laut

Man nennt diese Wörter auch **Adjektive** (Wiewörter).
Die meisten Adjektive kann man steigern.

3. Steigere die folgenden Adjektive.

nett – netter – am nettesten

laut – __________

klug – __________

stark – __________

lieb – __________

lustig – __________

freundlich – __________

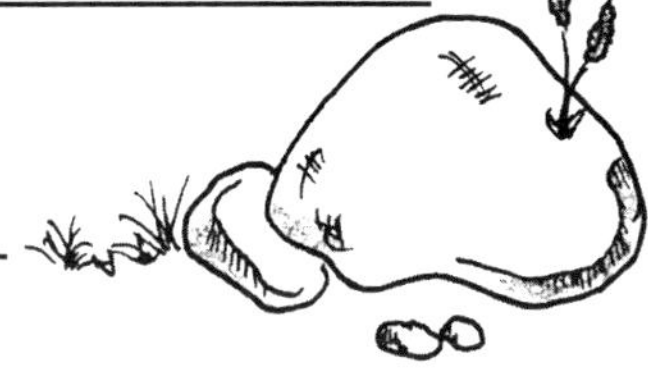

Was tut Irgendwie Anders? (Verben)

1	2	3	4
5	6	7	8
9	10 Ha Ha Ha Ha	11	12

1. Finde zu jedem Bild das passende **Verb** (Tuwort). Schreibe es auf.

1. ______________	5. ______________	9. ______________
2. ______________	6. ______________	10. ______________
3. ______________	7. ______________	11. ______________
4. ______________	8. ______________	12. ______________

2. Überlege, was Irgendwie Anders und das Etwas miteinander tun können.
3. Schreibe die passenden Verben auf.

____

____

____

Was ist hier anders? (Nomen)

1. Was ist in der Figur versteckt?
   Schreibe die Tiere und Gegenstände mit den Begleitern auf die Linien.
2. Schreibe die Mehrzahl dazu.

der Fisch	*die Fische*

Stabpuppenbau

Anleitung zur Stabpuppenherstellung:

Du brauchst:

- Kleber
- Schere
- Klebeband
- Schaschlikstäbchen

1. Suche eine Vorlage aus und klebe sie auf Tonpapier.
2. Schneide die Figur aus.
3. Male die Figur an.
4. Befestige auf der Rückseite mit Klebeband ein Schaschlikstäbchen.

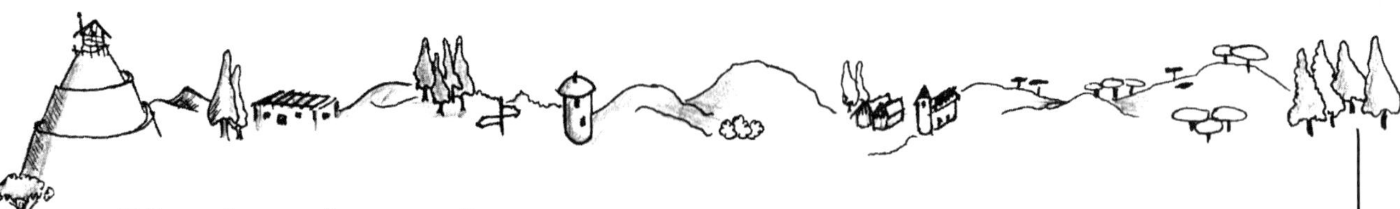

Masken basteln

Anleitung zur Maskenherstellung:

Du brauchst:

- Wolle oder Fell
- Kleber
- Schere
- Pappe
- Hutgummi

1. Suche eine Vorlage aus und klebe sie auf Tonpapier.
2. Schneide die Maske aus und male sie an.
3. Bohre vorsichtig durch die Markierungen ein Loch. Befestige auf beiden Seiten das Hutgummi.
4. Du kannst Wolle oder Fell als Haare hinten an die Maske kleben.

Stabpuppen – Kopiervorlagen

Maske – Kopiervorlagen (1)

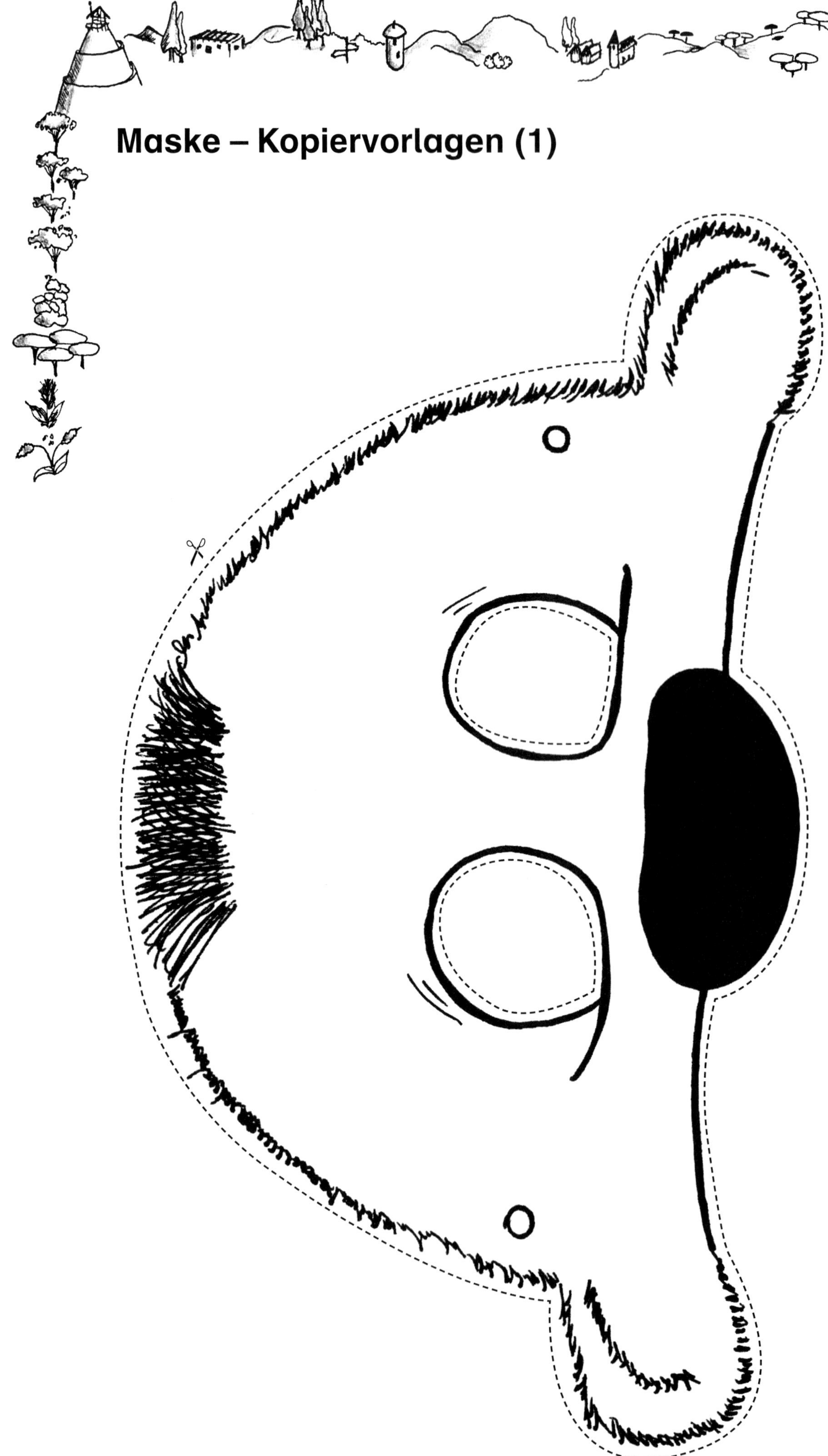

Maske – Kopiervorlagen (2)

Freundschaftsbänder

Du brauchst:

- Wolle oder Stickgarn in verschiedenen Farben
- Klebeband, Schere
- Maßband

So geht es:

1. Nimm 5 verschiedenfarbige Bänder von je 60 cm Länge.

2. Binde alle Bänder am Ende zusammen und klebe das kurze Ende auf einem Tisch fest.

3. Drehe die langen Bänder umeinander, bis deine Schnur etwa 40 cm lang ist.

4. Halte die Schnur am unteren Ende fest. Drücke den Zeigefinger der anderen Hand auf die Mitte der Schnur.

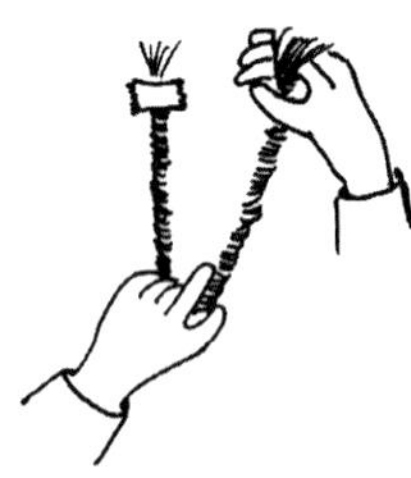

5. Lege beide Enden der Schnur zusammen. Wenn du den Zeigefinger wegnimmst, wickeln sich die Enden umeinander.

6. Streiche die Schnur glatt.

7. Löse das Klebeband und knote die beiden Enden zusammen.

8. Fertig ist dein Freundschaftsband.

Wenn du es einem anderen Kind umbinden willst, knote die losen Enden und die Schlaufe zusammen.

BVK • Birgit Giesen: Literaturprojekt zu „Irgendwie Anders“

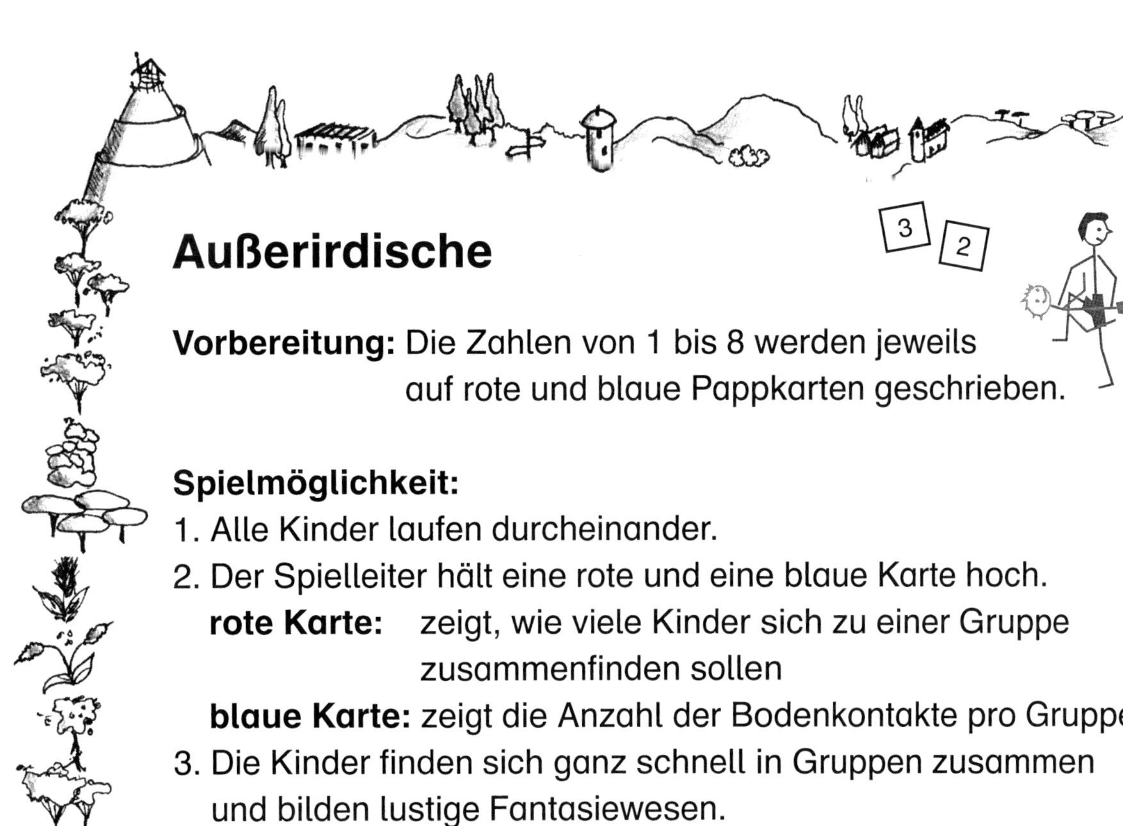

Außerirdische

Vorbereitung: Die Zahlen von 1 bis 8 werden jeweils auf rote und blaue Pappkarten geschrieben.

Spielmöglichkeit:

1. Alle Kinder laufen durcheinander.
2. Der Spielleiter hält eine rote und eine blaue Karte hoch.
   rote Karte: zeigt, wie viele Kinder sich zu einer Gruppe zusammenfinden sollen
   blaue Karte: zeigt die Anzahl der Bodenkontakte pro Gruppe
3. Die Kinder finden sich ganz schnell in Gruppen zusammen und bilden lustige Fantasiewesen.

Tipp: Als Vorbereitung kann das „Atomspiel“ gespielt werden. Hierbei zeigt der Spielleiter per Handzeichen eine Zahl. So viele Kinder sollen sich ganz schnell zu einer Gruppe zusammenstellen.

Das andere Wesen

Spielmöglichkeit:

1. Alle Kinder bewegen sich vorsichtig mit geschlossenen Augen durch den Raum. Dabei sollten die Arme als Absicherung nach vorne ausgestreckt sein.
2. Trifft ein Kind auf ein anderes, fragt es: „Bist du das Wesen?“
3. Antwortet das Kind mit „Nein“, ist es das Wesen nicht. Gibt es keine Antwort, handelt es sich um das Wesen. Das fragende Kind hält sich nun an dem Wesen fest und gehört dazu.
4. Das Spiel ist beendet, wenn alle Kinder zum Wesen gehören.

Hinweis: Das Wesen wird vom Spielleiter bestimmt, wenn bereits alle Kinder mit geschlossenen Augen durch den Raum gehen. Er legt beispielsweise einem Kind die Hand auf die Schulter.

BVK • Birgit Giesen: Literaturprojekt zu „Irgendwie Anders“

Partnerspiele

Spielmöglichkeiten:

1. Beide Partner stellen sich nebeneinander.
   Die inneren Beine werden mit einem Parteiband oder Seil zusammengebunden. Nun sollen sich die Paare fortbewegen.
   Erweiterungsmöglichkeiten:
   - Die Partner gehen / laufen eine vorgegebene Strecke oder einen Hindernisparcours ab.
   - Die Partner müssen gemeinsam einen Luftballon transportieren, Ball prellen, Seilchen springen usw.

2. **Partnerfußball:** gewöhnliches Fußballspiel auf zwei Tore, bei dem immer zwei Kinder durch eine Zeitung, die mit Wäscheklammern angeheftet wird, verbunden sind.

3. **Partnerfangen:** normales Fangspiel, bei dem jeweils zwei Fänger durch Handfassung miteinander fest verbunden sind.

„Schaufensterpuppen“ oder „komische Wesen“

Die Kinder finden sich paarweise an einer Linie oder Bankreihe zusammen. Ein Kind stellt / setzt den Partner in beliebiger Position hin und richtet ihn zum „Schaufenster“ aus. Dabei dürfen alle Körperteile des Partners vorsichtig bewegt werden. Nach etwa zwei Minuten beenden die „Künstler“ ihre Arbeit.

Die Schaufensterpuppen bzw. komischen Wesen verharren in ihren Positionen. Die „Künstler“ dürfen sich ihre Werke und die der anderen anschauen. Dann werden die Rollen gewechselt.

Variation: Es können auch mehrere „Schaufensterpuppen“ zusammengestellt werden und so ein komisches Wesen oder ein Denkmal bilden.

BVK • Birgit Giesen: Literaturprojekt zu „Irgendwie Anders“

Fantasiereise

Schließe deine Augen und atme tief ein und aus. Du bist ganz ruhig und entspannt. Lege deinen Kopf auf die Arme.
Von weitem hörst du leise Musik. Sie nimmt dich mit in ein weit entferntes Land.
Du beginnst zu schweben. Du breitest deine Arme aus und wirst vom Wind getragen. Du steigst immer höher und höher. Die Welt unter dir sieht wunderschön aus. Du siehst die Bäume, Wiesen und Felder.
Der Wind streicht sanft durch dein Gesicht.
Du fliegst immer weiter durch den blauen Himmel, der schönen Musik entgegen. Die warme, strahlende Sonne wärmt deinen Körper.
Du verlässt das Festland und fliegst über das große, blaue Meer.
Die Wasserfläche glitzert in der Sonne. Der Wind streicht sanft um deinen Körper.
Noch immer hörst du von weitem die Musik.
Du fliegst weiter und weiter und erreichst ein fremdes Land. Du blickst auf kleine blaue und braune Hügel hinab. Manche sehen aus wie Pyramiden.
Auf einigen Hügeln sind Häuser oder Bäume zu sehen.
Die Sonne scheint dir ins Gesicht und wärmt deinen Körper.
Alles sieht so bunt und klein aus, wie in einem Spielzeugland.
Weit unten bewegt sich etwas. Du kneifst die Augen zusammen, um es besser sehen zu können. Ein blaues, zotteliges Ding und ein braunes Etwas spielen mit einem Ball. Darum herum stehen viele Tiere und schauen zu: Hasen, Bären, Störche, Giraffen und Mäuse. Viele von ihnen tragen Turnschuhe, Tennisschläger, Latzhosen oder Kleider.
Langsam schwebst du nach unten. Dann beginnen alle Tiere, mit dem Ball zu spielen. Sie rennen, toben und lachen. Niemand steht mehr am Rand, niemand schaut zu. Alle Tiere freuen sich und sind nett zueinander.
Du schaust den Tieren eine Zeit lang zu. Nach einer Weile setzen sich alle unter einen Baum und ruhen sich aus.
Gemeinsam wird gegessen und getrunken.
Alle sehen so zufrieden aus. Die Tiere unterhalten sich.
Du schwebst näher heran, um zu hören, was sie sagen.
Doch alles verschwimmt vor deinen Augen.
Langsam erinnerst du dich wieder daran, wo du bist.
Es ist immer noch ganz warm. Das war eine schöne Reise.

Du streckst deine Arme und Beine. Atme tief ein und aus.
Bleibe noch ein wenig ruhig sitzen und spüre dem Traum etwas nach.

Du öffnest vorsichtig deine Augen.
Langsam richtest du dich auf und schaust dich um.
Du bist wieder zu Hause angekommen.

Die Klasse der Blaufüße und Rothände

Ihr braucht:

- ein großes Stück Pappe oder Tapete
- rote und blaue wasserlösliche Farbe

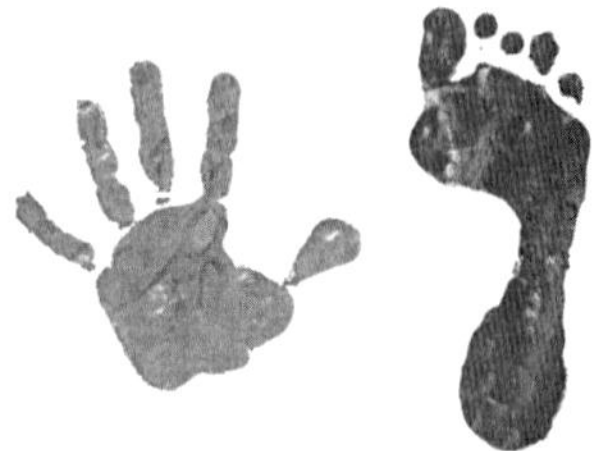

Gestaltungsmöglichkeit:

Hier könnt ihr ein Gemeinschaftsbild (eine Collage) erstellen.

1. Lasse dir von einem anderen Kind die linke Hand rot anmalen. Mache deinen Handabdruck auf das Plakat.
2. Lasse dir dann den rechten Fuß blau anmalen. Trete nun auf das Bild.
3. Wascht euch gründlich die Füße und Hände.

Hängt euer Gemeinschaftsbild in der Klasse auf.

Schattenbild von einem Freund

Du brauchst:

- 1 Blatt vom Zeichenblock
- Klebeband, Bleistift, Schere
- Tageslichtprojektor oder Lampe

Gestaltungsmöglichkeit:

1. Befestige das Blatt mit Klebeband an der Tafel.
2. Der Partner / die Partnerin setzt sich seitlich auf einen Stuhl davor. Der Schatten seines / ihres Gesichtes muss auf das weiße Blatt fallen.
3. Verschiebe den Projektor oder die Lampe so, dass das Gesicht auf dem Blatt scharf zu sehen ist.
4. Fahre nun mit einem Bleistift die Umrisse des Gesichtes auf dem Blatt nach.
5. Schneide das Gesicht aus und klebe es auf ein buntes Papier.

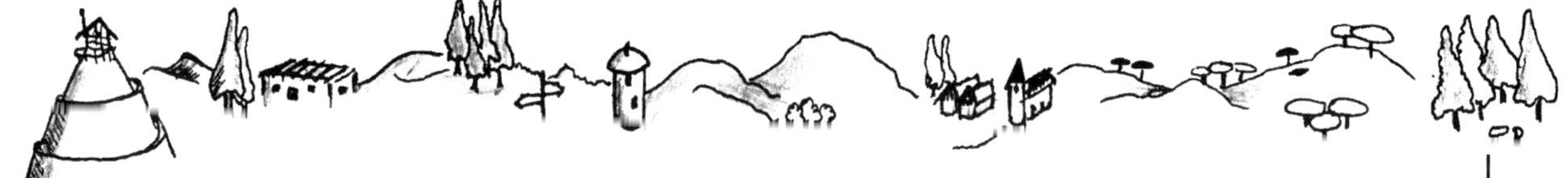

Warum du mein Freund bist ...

1. Schreibe den Namen auf die Linie.
2. Lies und ☒ kreuze an.
3. Male ein Bild von deinem Freund / deiner Freundin.

____

ist mein Freund / meine Freundin, weil ...

mein Freund / meine Feundin

	er / sie mich immer anlügt.
	er / sie meine Geheimnisse nicht weitererzählt.
	er / sie mir bei den Hausaufgaben hilft.
	er / sie gemein zu anderen Kindern ist.
	er / sie mir zuhört, wenn es mir schlecht geht.
	er / sie gut in der Schule ist.
	er / sie mich immer ärgert.
	er / sie immer schön angezogen ist.
	er / sie den gleichen Schulweg hat wie ich.
	er / sie mir immer Süßigkeiten mitbringt.
	er / sie ganz viele Spielsachen hat.
	er / sie gerecht und ehrlich ist.
	er / sie gut im Sport ist.
	er / sie nett zu mir ist.

Was ist für eine Freundschaft wichtig?

Du brauchst: 1 bis 3 Partner und einen Spielwürfel

1. Die Kärtchen werden für jeden Spieler auf Karton kopiert und ausgeschnitten.
2. Würfelt abwechselnd. Würfelst du eine sechs, lege ein Kärtchen ab, das dir nicht so wichtig ist.
3. Wenn du nur noch drei Kärtchen hast, scheidest du aus.
4. Das Spiel endet, wenn jeder nur noch drei Karten hat.
5. Vergleicht eure Karten und sprecht über eure Entscheidungen.

Freunde verstehen sich.	Freunde haben keine Geheimnisse voreinander.
Freunde haben die gleichen Interessen.	Freunde streiten nicht.
Freunde mögen sich.	Freunde helfen sich gegenseitig.
Freunde halten zusammen.	Freunde unternehmen viel zusammen.
Freunde sind offen und ehrlich zueinander.	Freunde können sich aufeinander verlassen.
Freunde haben immer Zeit füreinander.	Freunde sind füreinander da.

Gefühlsuhr

Bastle dir deine eigene Gefühlsuhr.

Du brauchst:

Schere runde Musterklammer Kleber

1. Klebe die Gefühlsuhr und den Pfeil auf Pappe und schneide sie aus.
2. Bohre an den gekennzeichneten Stellen vorsichtig ein Loch.
3. Befestige den Pfeil mit der Musterklammer an der Uhr.
4. Stelle ein, wie du dich heute fühlst.
   Hänge deine Gefühlsuhr in der Klasse auf.

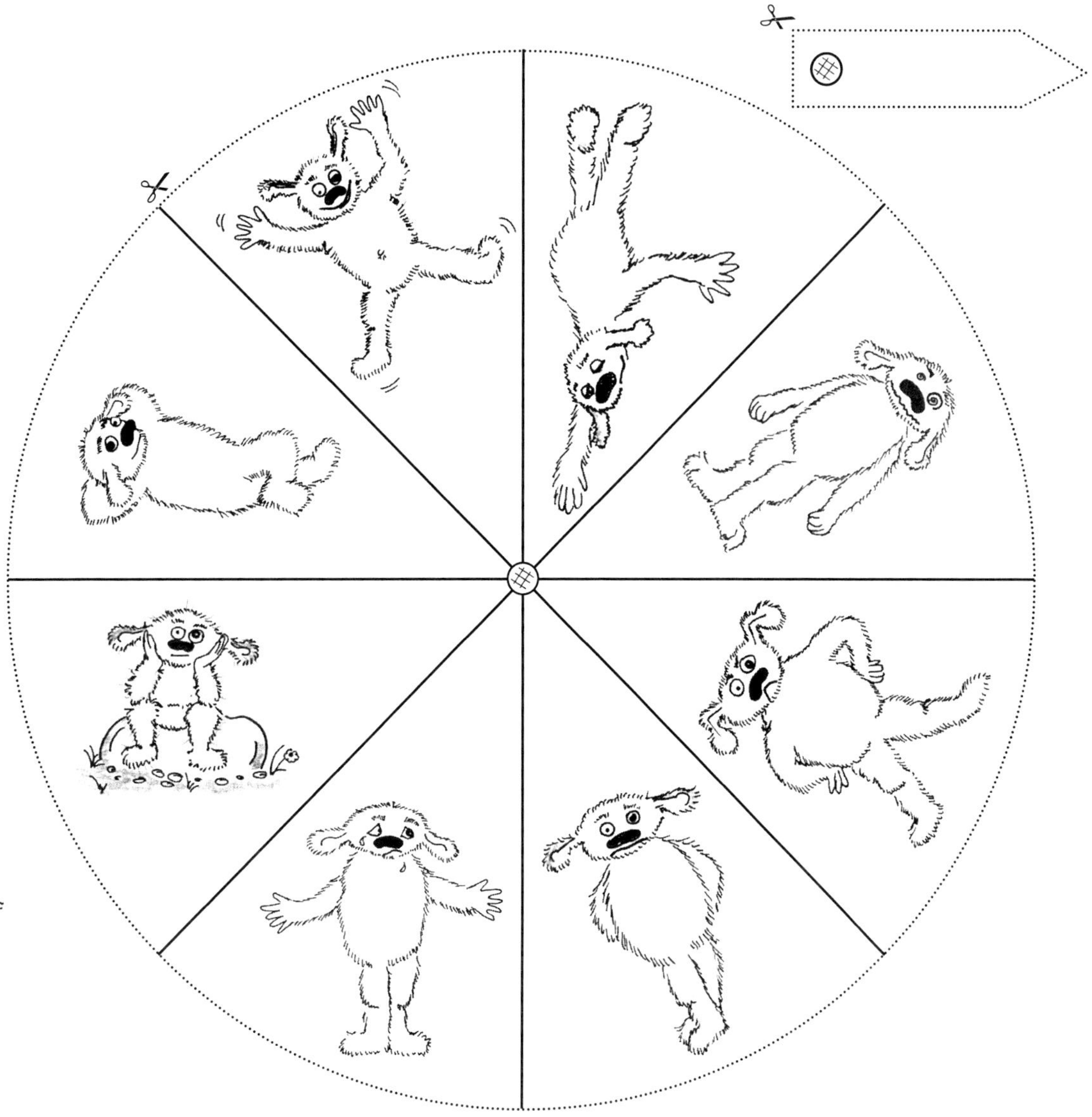

Mimikwürfel

Du brauchst:
2 bis 3 Mitspieler, Mimikwürfel

Spielmöglichkeit:
Der Mimikwürfel zeigt auf jeder Seite einen anderen Gefühlsausdruck. Setzt euch in einen Kreis zusammen. Nun würfelt ihr abwechselnd.

1. Nenne den Ausdruck, den das Gesicht hat.
2. Spiele den Gesichtsausdruck nach.
3. Erzähle den anderen Kindern, wann du dich selbst schon einmal so gefühlt hast.

Ihr könnt euch noch andere Spielmöglichkeiten überlegen.

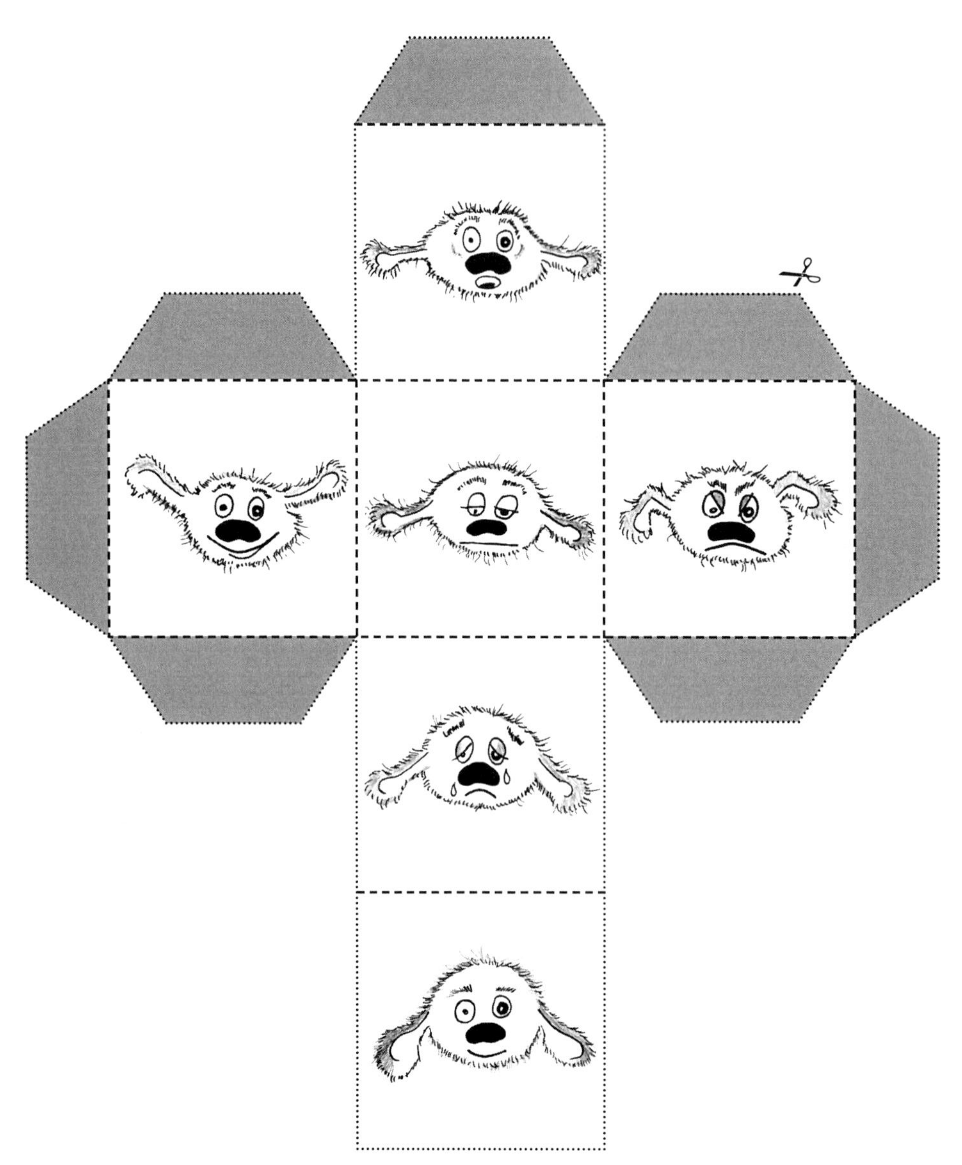

Du bist etwas Besonderes

1. Wann ist jemand für dich anders?
   Lies, ☒ kreuze an und schreibe dazu ein Beispiel.

Jemand ist für mich anders, ...

- ☐ wenn er eine andere Sprache spricht.
- ☐ wenn er anders aussieht.
- ☐ wenn er andere Kleidung trägt.
- ☐ wenn er etwas nicht gut kann.
- ☐ wenn er sich anders / komisch bewegt.
- ☐ wenn er sich komisch verhält.

wenn ____

Anders zu sein, bedeutet auch, etwas Besonderes zu sein.
Überlege: Was ist an dir besonders? Was unterscheidet dich von den anderen Kindern?

2. Gestalte deine Figur:
   - Male ihr dein Gesicht und deine Haare.
   - Male ihr dein Lieblingsshirt.
   - Schreibe in die Arme deinen Vor- und Zunamen.
   - Schreibe in die Beine, was an dir besonders ist / was du gut kannst.

Tipp: Hängt alle eure Figuren in einem großen Kreis an die Tafel oder klebt sie auf ein Plakat.

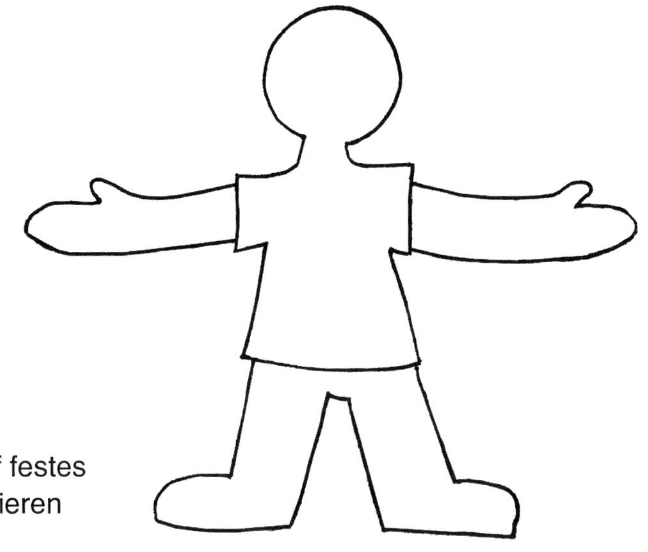

nach Bedarf auf festes Papier hochkopieren

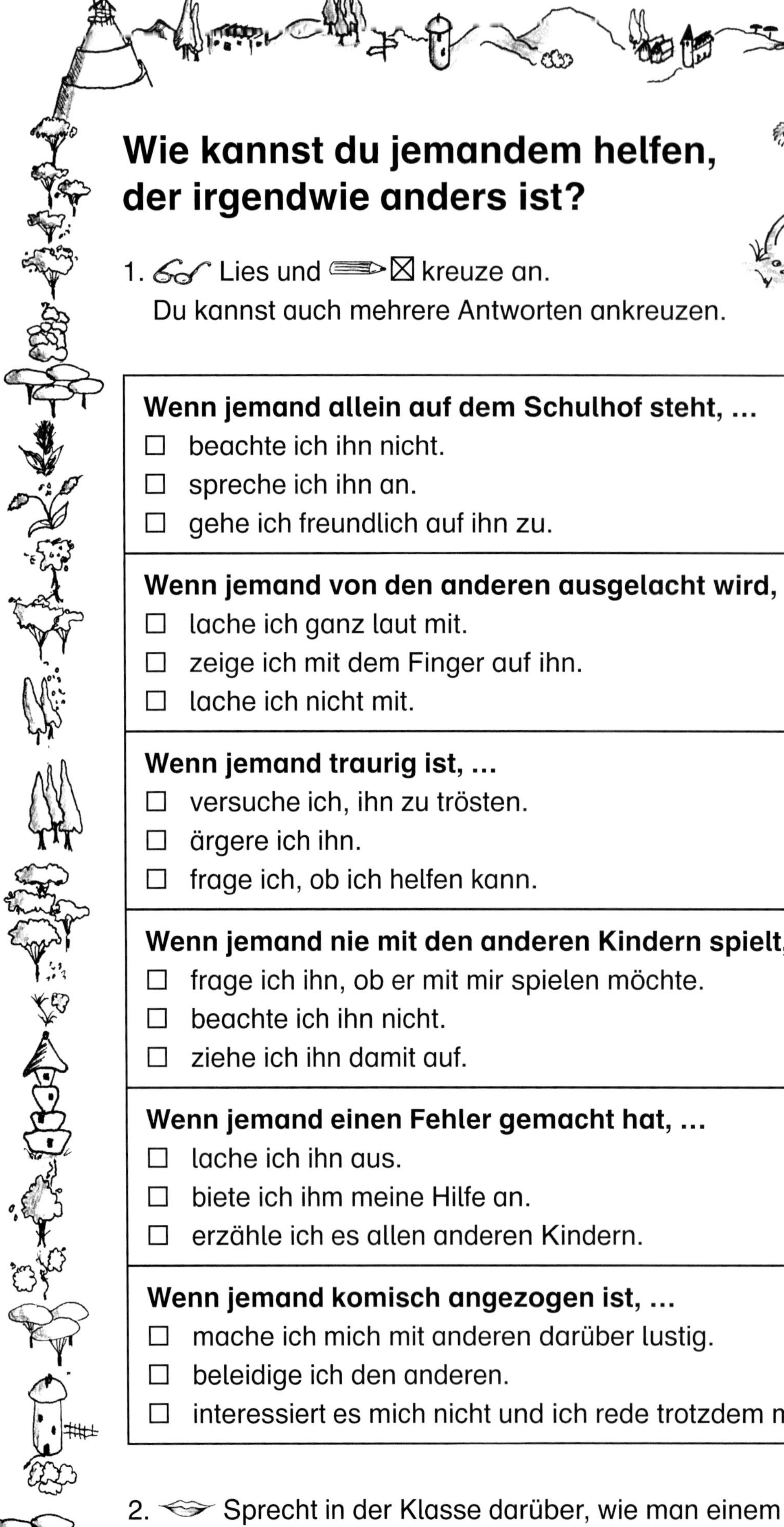

Wie kannst du jemandem helfen, der irgendwie anders ist?

1. Lies und ☒ kreuze an.
Du kannst auch mehrere Antworten ankreuzen.

Wenn jemand allein auf dem Schulhof steht, …
- ☐ beachte ich ihn nicht.
- ☐ spreche ich ihn an.
- ☐ gehe ich freundlich auf ihn zu.

Wenn jemand von den anderen ausgelacht wird, …
- ☐ lache ich ganz laut mit.
- ☐ zeige ich mit dem Finger auf ihn.
- ☐ lache ich nicht mit.

Wenn jemand traurig ist, …
- ☐ versuche ich, ihn zu trösten.
- ☐ ärgere ich ihn.
- ☐ frage ich, ob ich helfen kann.

Wenn jemand nie mit den anderen Kindern spielt, …
- ☐ frage ich ihn, ob er mit mir spielen möchte.
- ☐ beachte ich ihn nicht.
- ☐ ziehe ich ihn damit auf.

Wenn jemand einen Fehler gemacht hat, …
- ☐ lache ich ihn aus.
- ☐ biete ich ihm meine Hilfe an.
- ☐ erzähle ich es allen anderen Kindern.

Wenn jemand komisch angezogen ist, …
- ☐ mache ich mich mit anderen darüber lustig.
- ☐ beleidige ich den anderen.
- ☐ interessiert es mich nicht und ich rede trotzdem mit ihm.

2. Sprecht in der Klasse darüber, wie man einem Kind helfen kann, das ausgegrenzt wird.

Jeder ist anders …

1. ✂ Schneide die Bilder und Texte aus.
2. Lege die Bilder aus und ordne die passenden Texte zu.
3. Klebe alles auf ein weißes Blatt.

	Esta lebt in Tansania in Ostafrika. Sie gehört zum Stamm der Massai. Ihr Zuhause ist eine runde Hütte. Die Mädchen tragen bunte Halsreifen aus Glasperlen.
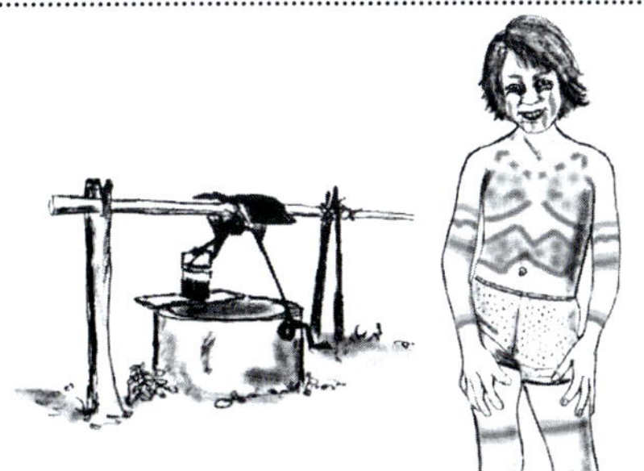	Erdene ist zehn Jahre alt und lebt in der Mongolei. Sein Zuhause ist ein großes, rundes Zelt. Seine Eltern züchten Pferde, Kühe, Schafe und Ziegen. Erdene reitet gern auf einem Pferd durch die Steppe.
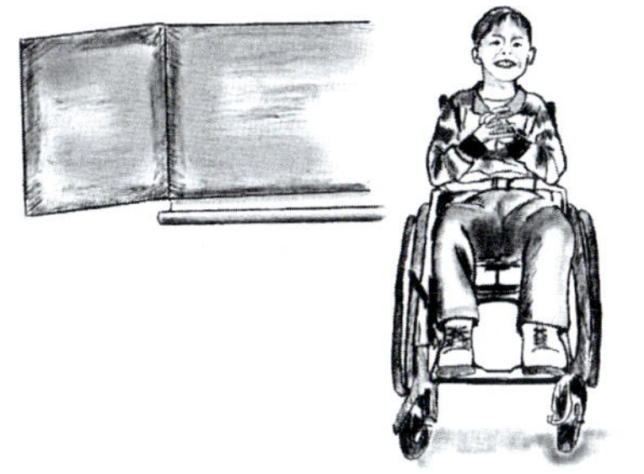	Suchart lebt in einem Tempel in Thailand. Er ist zwölf Jahre alt und will einmal Mönch werden. In der Tempelschule lernt er schreiben und erfährt viel über den Buddhismus. Seine Kleidung ist eine Kutte mit einer Schärpe.
	Markku ist zehn Jahre alt und lebt in Finnland. Da er nicht laufen kann, sitzt er in einem Rollstuhl. Er besucht die gleiche Schule wie seine Freunde. Sein Lieblingsfach ist Sachunterricht.
	Celina ist neun Jahre alt. Sie lebt am Amazonas in Südamerika. Ihr Vater ist Stammeshäuptling. Seit einem Monat besucht Celina die Schule. Jeden Tag holt sie Wasser aus dem Dorfbrunnen.

Lösungen

Zu Seite 22: Geheimschrift

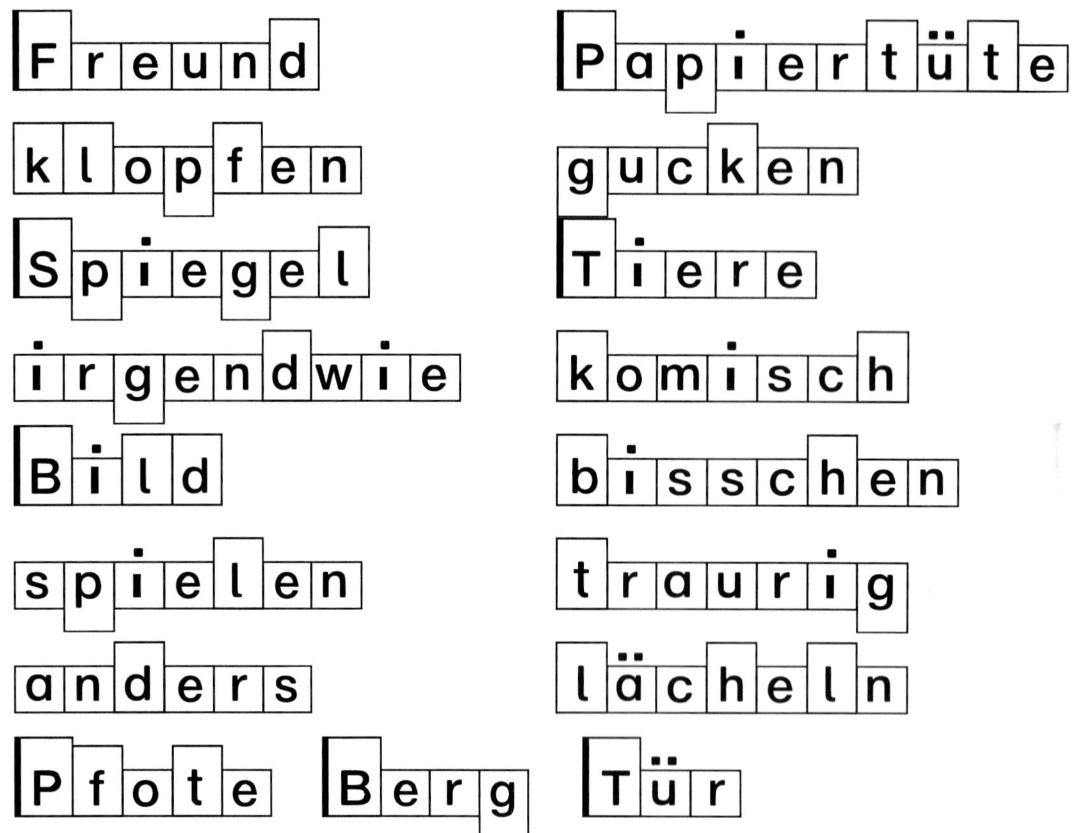

Zu Seite 29: Wie soll dein Freund sein? (Adjektive)

nett – netter – am nettesten

laut – lauter – am lautesten

klug – klüger – am klügsten

stark – stärker – am stärksten

lieb – lieber – am liebsten

lustig – lustiger – am lustigsten

freundlich – freundlicher – am freundlichsten

Zu Seite 31: Was ist hier anders? (Nomen)

der Fisch	die Fische
die Kerze	die Kerzen
der Pinsel	die Pinsel
der Elefant	die Elefanten
das Nilpferd	die Nilpferde
der Affe	die Affen
die Kuh	die Kühe
der Tiger	die Tiger

BVK • Birgit Giesen: Literaturprojekt zu „Irgendwie Anders“